アルプスの少女
ハイジ
心を照らす100の言葉

HEIDI A GIRL OF THE ALPS

× Words of wisdom

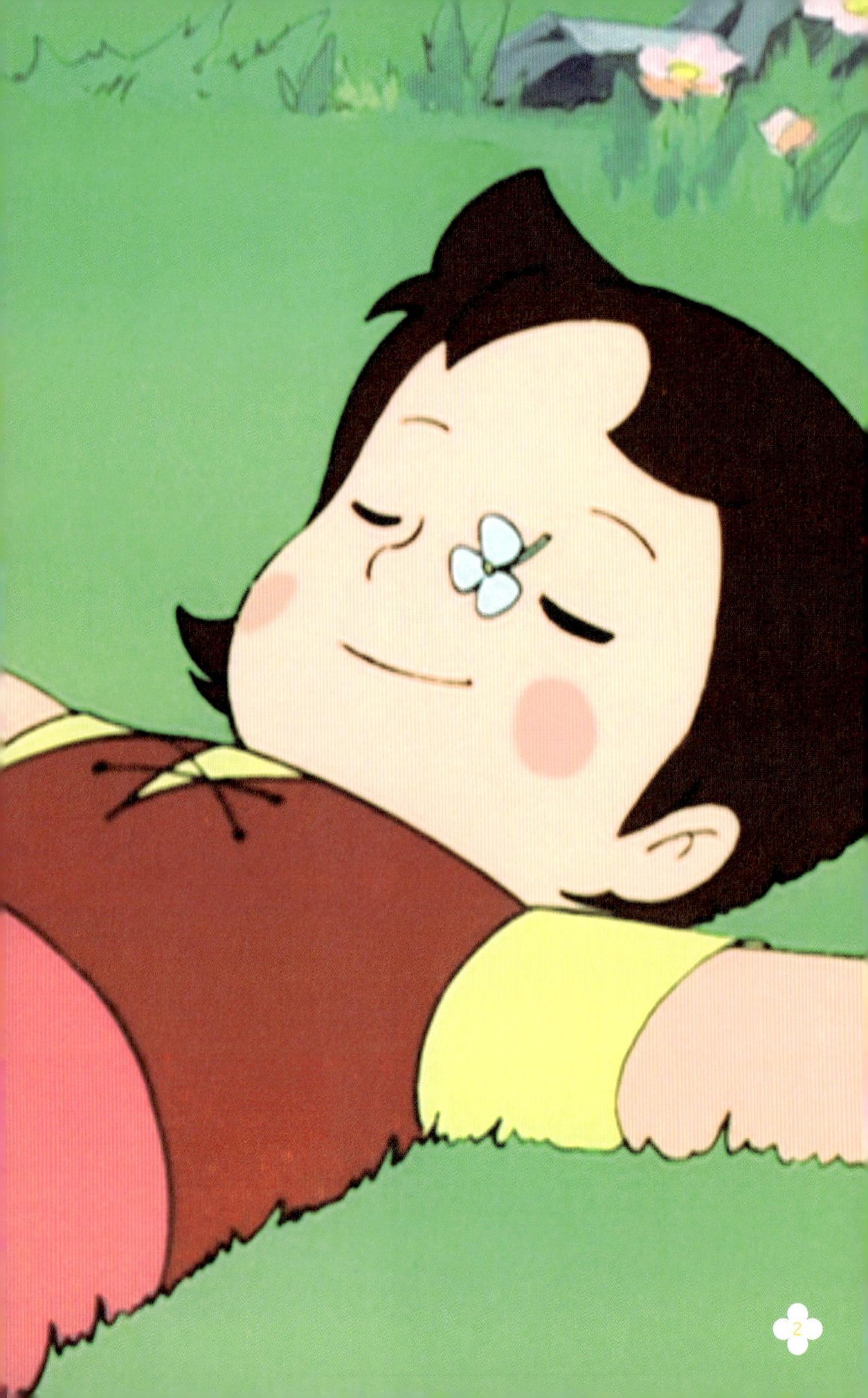

はじめに

アルプスの少女ハイジ。あらゆる世代の心に感動を残したアニメーション。

美しい背景と構図、人間の心を一つひとつきちんと描写したこの作品は世界各国で愛されています。

スイスの大自然の中での暮らし、両親を亡くしたハイジの成長、動物たちとの楽しい毎日、

アルムおんじの厳しさと優しさ、勇敢な少年ペーター、そしてクララの奇跡……。

そんな、心温まるアニメーションに、世界中から集めた100の偉人の名言を組み合わせました。

感動の名シーンと言葉が、心を照らす。

目が回るような忙しさに余裕やゆとりを失くしてしまう毎日ですが、

ハイジの世界に迷い込んだ気持ちを味わいながら、あなたにぴったりの名言と出逢い、

少しでも心が「ほっ」とする時間をつくっていただければと思います。

Contents

・本書の画像はテレビ放映時の映像を元に使用しております。当時のフィルム映像の風合いをお楽しみください。

・本書を制作するにあたり、引用・参照した参考文献は多岐にわたりますので、列記を省略させていただき、ここに感謝の意を表します。

HEIDI A GIRL OF THE ALPS

× Words of wisdom

第1章

生き方

Way of Life

Eleanor Roosevelt / Coco Chanel / George Burns
Hermann Hesse / Helen Keller / Henry Ward Beecher
Margaret Deland / Mother Teresa / Mary Kay Ash
Mae West / Judy Garland / J.M. Barrie
Vincent van Gogh / Jacques Maritain / Lucius Annaeus Seneca

年をとったからこんなことはできない。
そう思ったなら今すぐやった方がいい。

——マーガレット・デランド（作家）1857-1945

人が豊かであるか貧しいかを
決めるのは、
その人の持ち物ではなく、
その人の人柄である。

――ヘンリー・ウォード・ビーチャー（牧師）1813-1887

人生はたった1度きり。
けれど、正しく生きたなら
1度で十分。

——メイ・ウエスト（女優）1893-1980

扉に変わるかもしれないという、
勝手な希望にとらわれて、
壁をたたき続けてはいけないわ。

—— ココ・シャネル（ファッションデザイナー）*1883-1971*

あなたは、あなたであればいい。

——マザー・テレサ（修道女）1910-1997

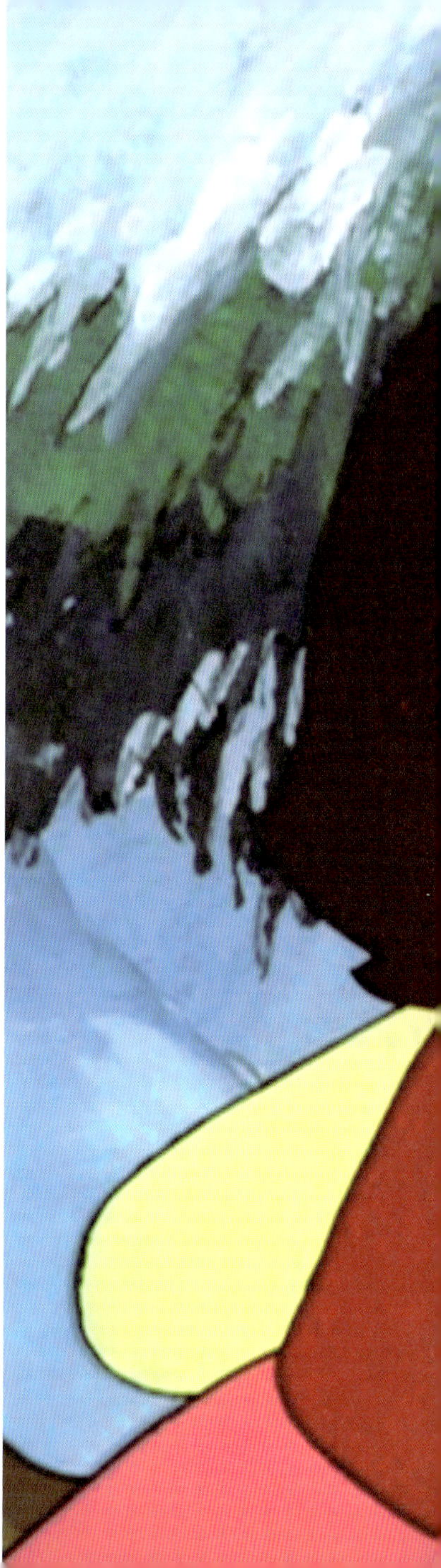

決して俯《うつむ》いてはいけない。頭はいつも上げていなさい。その目でしっかりとまっすぐ世界を見るのです。

――ヘレン・ケラー（教育者）1880-1968

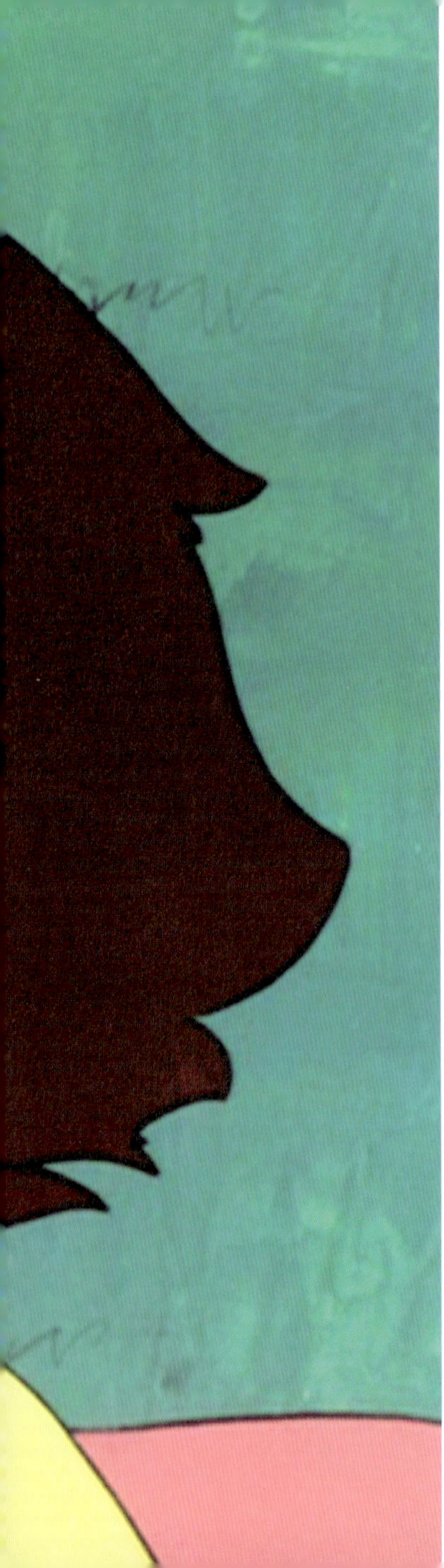

ほかの誰かではなく、
自分自身の
最高を目指すべきよ。

――ジュディ・ガーランド（女優）1922-1969

知識と賢明さを
取り違えないように。
知識は生計を立てるのに
役立ちますが、
賢明さは人生を
生きる糧となるのです。

——エレノア・ルーズベルト（人権活動家）1884-1962

感謝の気持ちを表すことは、
もっとも美しい礼儀作法である。

――ジャック・マリタン（哲学者）1882-1973

99回倒されても、
100回目に立ち上がればいい。

――フィンセント・ファン・ゴッホ（画家）1853-1890

楽しんで失敗する方が、
退屈しながら
成功するよりいい。

—— ジョージ・バーンズ（コメディアン）1896-1996

きみがどんなに遠い夢を見ても、
きみ自身が
可能性を信じるかぎり、
それは手の届くところにある。

――ヘルマン・ヘッセ（詩人）1877-1962

人生とは、
謙虚さについての
長い授業である。

——ジェームズ・マシュー・バリー（作家）1860-1937

行く手をふさがれたら、
回り道で行けばいいのよ。

――メアリー・ケイ・アッシュ（実業家）1918-2001

人生とは、
物語のようなものだ。
いかに長く生きたのかではなく、
いかによく生きたのかが問題だ。

―ルキウス・アンナエウス・セネカ（哲学者）B.C.1頃-65

第2章

許す

Forgive

Johann Wolfgang von Goethe / Winston Churchill
Ella Wheeler Wilcox / Jayne Mansfield / Ethel Barrymore
Nora Ephron / William Shakespeare / William Makepeace Thackeray
Coco Chanel / Katharine Hepburn / Aleksandr Pushkin
Paul Boese / Carl Rogers

許すことは、
過去を変えることではなく
未来を広げることである。

――ポール・バーザ（植物学者）1923-1976

過去をより遠くまで
振り返ることができれば、
未来をより遠くまで
見渡せるだろう。

――ウィンストン・チャーチル（政治家）1874-1965

自分のありのままを
受け入れることができた時、
自分は
変わっていくのです。

——カール・ロジャーズ（心理学者）1902-1987

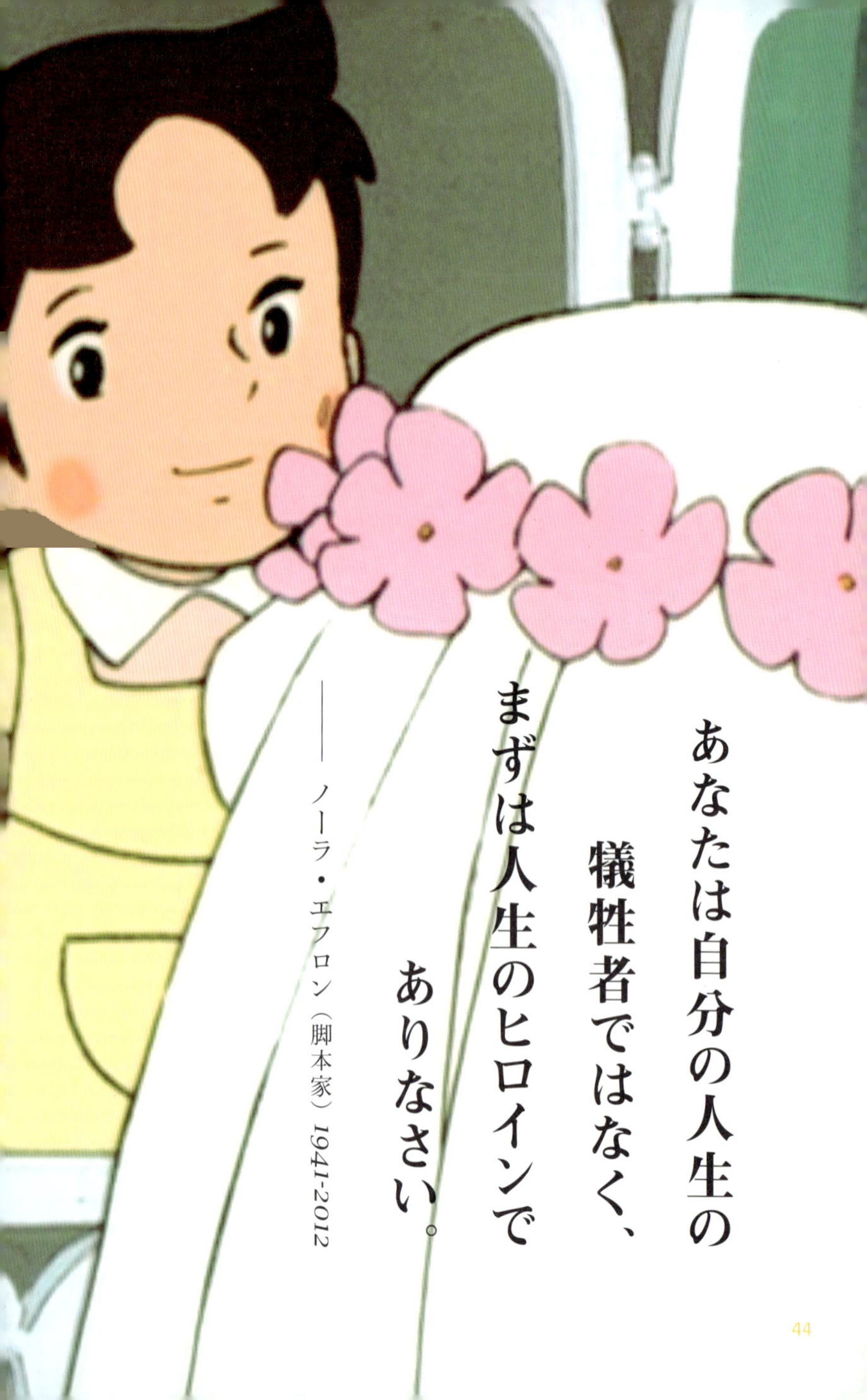

あなたは自分の人生の
犠牲者ではなく、
まずは人生のヒロインで
ありなさい。

――ノーラ・エフロン（脚本家）1941-2012

何もできない日や時には、
あとになって楽しめないようなものを
つくろうとするより、
ぶらぶらして過ごしたり、
寝て過ごす方がいい。

――ゲーテ（詩人）1749-1832

決定を焦ってはならない。

一晩眠れば

良い知恵が出るものだ。

—— アレクサンドル・プーシキン（詩人）1799-1837

今後のことなんかは、
ぐっすりと眠り
忘れてしまうことだ。

——ウィリアム・シェイクスピア（劇作家）1564-1616

ひとつひとつの悲しみには意味がある。
時には、思いもよらない意味がある。
どんな悲しみであろうと、
それは、このうえなく大切なもの。
太陽がいつも朝を連れてくるように、
それは確かなことなのですよ。

――エラ・ウィーラー・ウィルコックス（作家）1850-1919

悪いことするなら
大胆にやるべきよ。
びくびくやったって、
受ける罰は同じなんだから。

——ジェーン・マンスフィールド（女優）1933-1967

この世は鏡だ。
ひとりひとりに自分の顔を映して
見せてくれる。

――ウィリアム・メイクピース・サッカレー（作家）1811-1863

欠点は魅力のひとつになるのに、
みんな隠すことばかり考える。
欠点はうまく使いこなせばいい。
これさえうまくいけば、
何だって可能になる。

——ココ・シャネル（ファッションデザイナー）1883-1971

自分自身のことを
本当に
笑い飛ばせるように
なった時に、
人は成長する。

——エセル・バリモア（女優）1879-1959

自分を
素直に出せるなら、
今のままの自分で
十分です。

——カール・ロジャーズ（心理学者）1902-1987

すべてのルールに従っていたら、
すべての楽しみを逃しちゃうわよ。

――キャサリン・ヘップバーン（女優）1907-2003

第3章

別離

Separate

Ann Landers / Audrey Hepburn / Christopher Columbus
Clare Boothe Luce / William Somerset Maugham
Dr. Seuss / Dorothy Dix / Eleanor Roosevelt
Victor Kiam / Miguel de Cervante / Joseph Murphy
Walt Disney / Anne Frank / Christian Nestell Bovee

思い出になってはじめて、
人はその瞬間の価値に気づくことがある。

——ドクター・スース（作家）1904-1991

人生は、
1枚の銀貨のようなものだ。
それをどう使おうと勝手だが、
使えるのは
たった1度きりである。

——ミゲル・デ・セルバンテス（作家）1547-1616

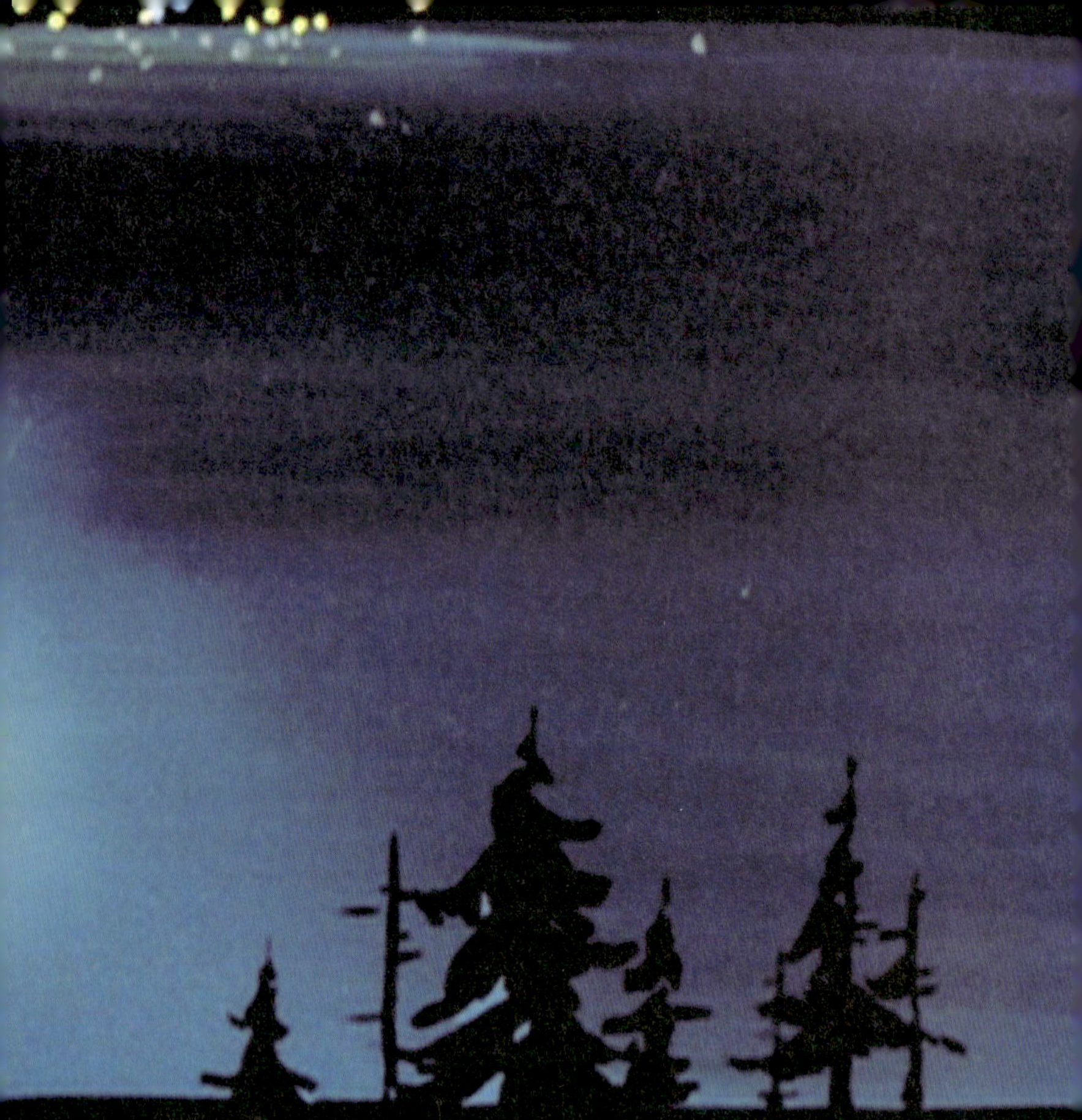

たとえあなたが
うつぶせに倒れたとしても、
あなたはそれでもまだ
前に進んでいるのだ。

―― ビクター・キアム（実業家）1926-2001

人生をやり直すことなんて
だれにもできません。
だから、前だけを見ましょう。
そこにあなたの未来があります。

――アン・ランダース（コラムニスト）1918-2002

絶望的な状況というものはない。
人が状況に対して
絶望的になるだけだ。

――クレア・ブース・ルース（劇作家）1903-1987

涙で目が洗えるほど
たくさん泣いた女は、
視野が広くなるのよ。

―― ドロシー・ディックス（ジャーナリスト）1861-1951

暗闇を不安に思うより、
1本のろうそくに火を灯しなさい。

――エレノア・ルーズベルト（人権活動家）1884-1962

あなたがやれる
最善を尽くしたなら、
心配したって事態は良くならない。
わたしもいろいろなことを
心配するが、
ダムからあふれる
水までは心配しない。

――ウォルト・ディズニー（実業家）1901-1966

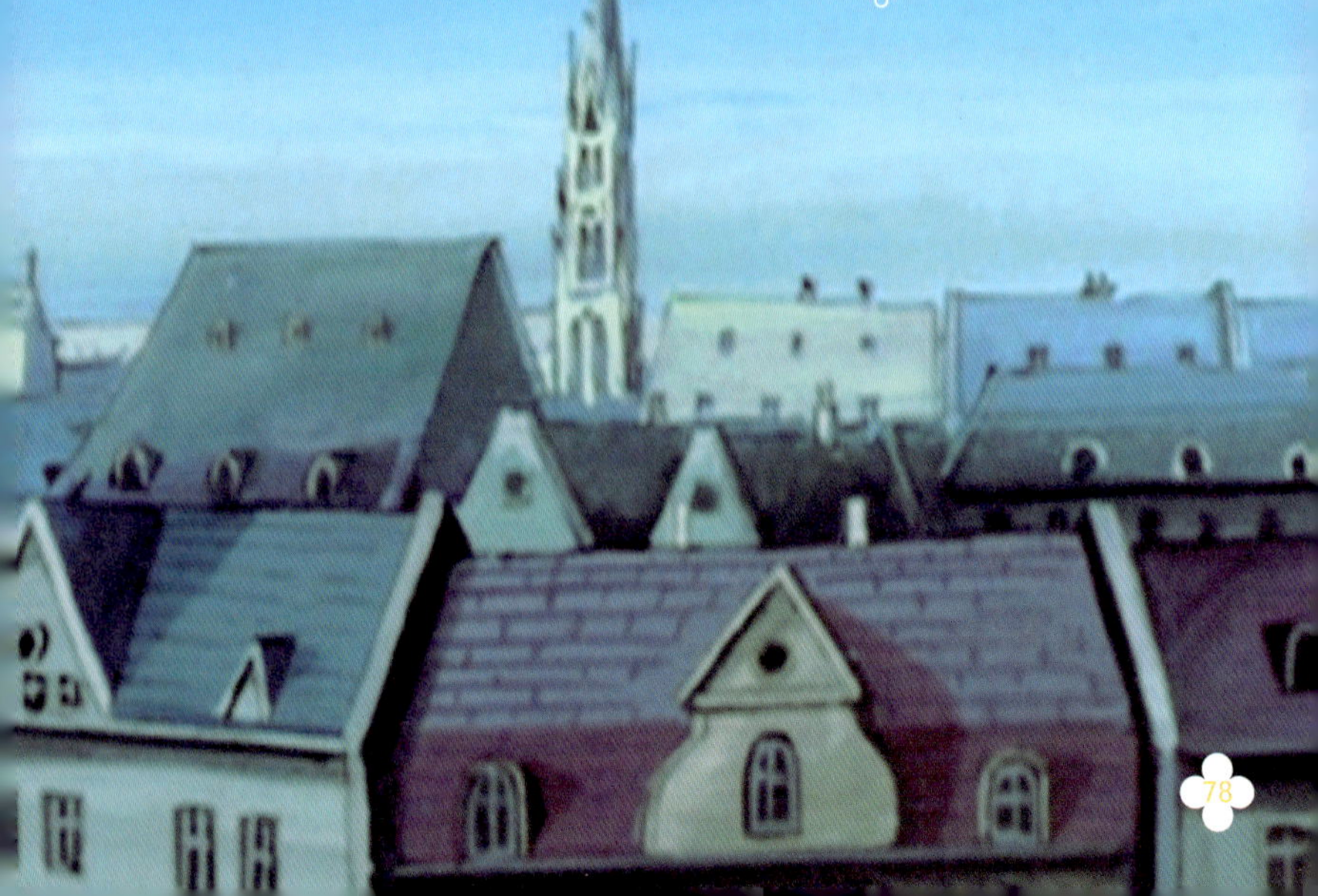

過去の過ちを
悔い改めた人は、
すでに生まれ変わっているのです。
いつまでも責めることは、
無実の人を
責めることと一緒です。

――ジョセフ・マーフィー（牧師）1898-1981

あなたのまわりに
いまだ残されている
すべての美しいもののことを考え、
楽しい気持ちでいましょう。

――アンネ・フランク（作家）1929-1945

人生とは
おもしろいものです。
何かひとつを手放したら、
それよりずっといいものが
やってくるものです。

―― サマセット・モーム（作家）*1874-1965*

どんな日であれ、
その日をとことん楽しむこと。
どんな一日であれ、どんな人とであれ。
過去は、
現在を大切にすべきだということを
わたしに教えてくれたような気がします。

―― オードリー・ヘップバーン（女優）1929-1993

岸が見えなくなることを
受け入れる勇気がなければ、
海を渡ることは
決してできない。

――クリストファー・コロンブス
（探検家）1451頃-1506

すべてが失われようとも、
まだ未来が残っている。

——クリスチャン・ボヴィー（作家）1820-1904

第4章

転機

Turning Point

F. Scott Fitzgerald / Mary Wollstonecraft / Benjamin Disraeli
Willa Cather / Ernest Hemingway / Marie Curie
Jim Rohn / Babe Ruth / David Lloyd George
Ella Wheeler Wilcox / Ingrid Bergman / Abraham Lincoln
John Dewey / William Feather

運命を一夜で変えることは
できないが、
あなたが進む方向を変えることは
一夜でできる。

――ジム・ローン（実業家）1930-2009

ひとつの敗北を
決定的な敗北と
勘違いしてはいけない。

――スコット・フィッツジェラルド（作家）1896-1940

今はないものについて
考える時ではない。
今あるもので、何ができるかを
考える時である。

――アーネスト・ヘミングウェイ（作家）*1899-1961*

行動したからといって、

いつも幸せが訪れるわけではありません。

しかし、行動を起こさないかぎり、

幸せは訪れないのです。

——ベンジャミン・ディズレーリ（政治家）1804-1881

きみが笑えば、
世界はきみとともに笑う。
きみが泣けば、
きみは1人きりで泣くのだ。

——エラ・ウィーラー・ウィルコックス（作家）1850-1919

善い人間とは、
過去においてどんな失敗や過失を
犯したにかかわりなく、
現在より善くなろうと努力し、
前進している人間のことである。

――ジョン・デューイ（哲学者）1859-1952

簡単ではないかもしれない。
でもそれは、
できないという理由には
ならないんだ。

——ベーブ・ルース（野球選手）1895-1948

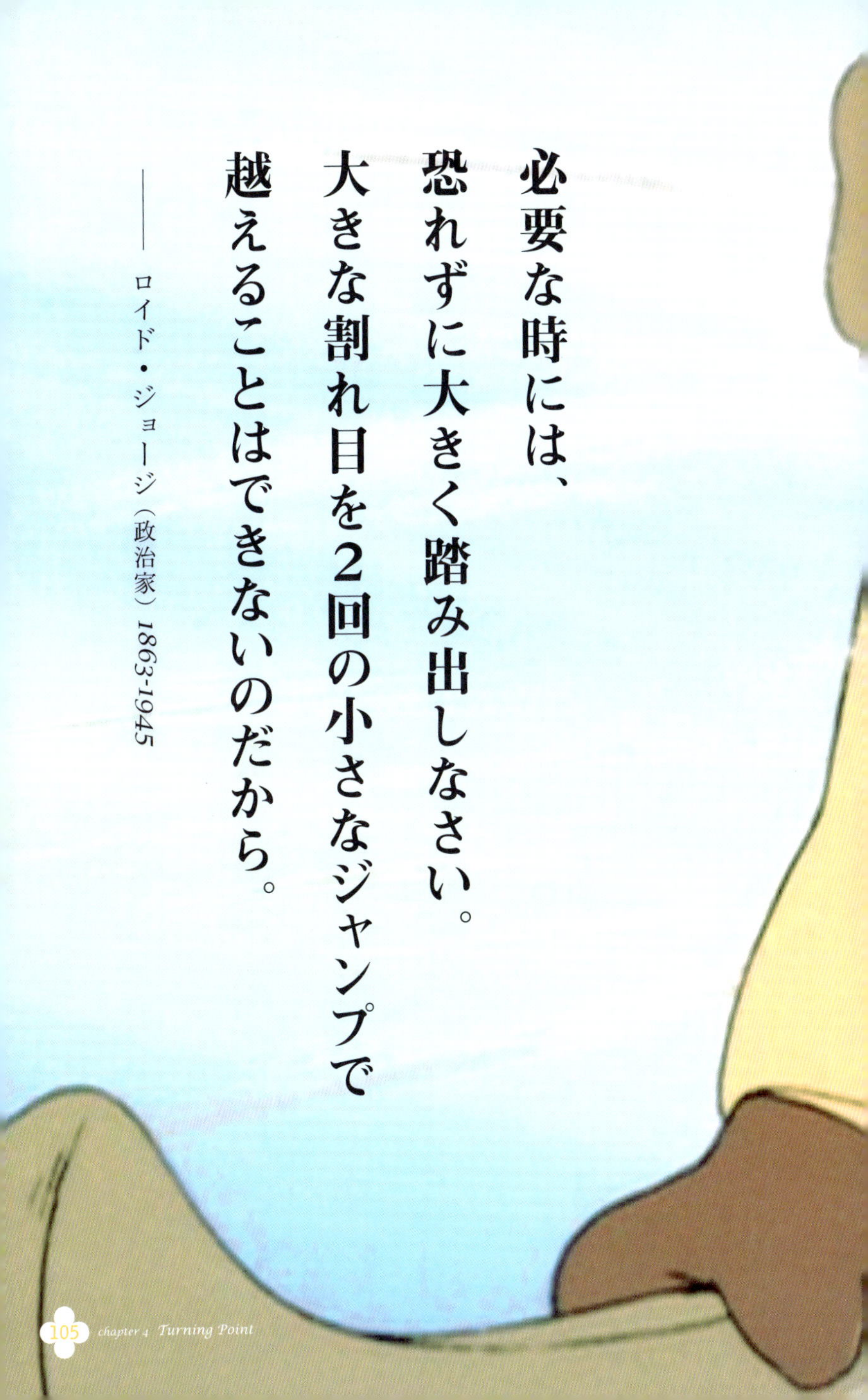

必要な時には、
恐れずに大きく踏み出しなさい。
大きな割れ目を2回の小さなジャンプで
越えることはできないのだから。

——ロイド・ジョージ（政治家）1863-1945

チャンスというものは、
準備を終えた者にだけ、
微笑んでくれるのです。

——マリ・キュリー（物理学者）1867-1934

はじまりは、
いつも今日。

――メアリ・ウルストンクラフト（思想家）1759-1797

できると決断しなさい。
方法などはあとから見つければいいのだ。

――エイブラハム・リンカーン（政治家）1809-1865

いつだって、
汗水たらして人生のゲームに
参加している人の方が、
ふんぞり返って座っている
傍観者よりも、
楽しんでいるものである。

――ウィリアム・フェザー（作家）1889-1981

直感を鍛えなさい。
自分の中にある小さな声を信じて。
それに従っていれば
何を言うべきか、何をなすべきか
見えてくるから。

——イングリッド・バーグマン（女優）1915-1982

終着点はどうだっていい。
そこへ行くまでの
道のりがすべてよ。

――ウィラ・キャザー（作家）1873-1947

HEIDI A GIRL OF THE ALPS

× Words of wisdom

第5章

解放

Release

Robert Louis Stevenson / Arnold Bennett / William Blake
Vergilius / Katharine Hepburn / Elisabeth Kubler-Ross
Martha Graham / Charles Dederich / Henry Ford
Louisa May Alcott / Victor Hugo / Marcus Tullius Cicero
Joseph Campbell / Andre Gide / Audrey Hepburn

わたしにとって最高の勝利は、
ありのままで生きられるようになったこと、
自分と他人の欠点を
受け入れられるようになったことです。

――オードリー・ヘップバーン（女優）1929-1993

はじまりは、
どんなものでも小さい。

――マルクス・トゥッリウス・キケロ（政治家）*B.C.106-B.C.43*

世界にあなたは
1人しかいないのだから、
自信を持って
あなた自身で踏み出してください。

――マーサ・グレアム（舞踏家）1894-1991

—— ヘンリー・フォード（実業家）*1863-1947*

すべてがあなたにとって

向かい風のように見える時、思い出してほしい。

飛行機は追い風ではなく、

向かい風によって飛び立つのだということを。

自分の翼だけで
飛ぶなら、
鳥は高く舞い上がることはできない。

——ウィリアム・ブレイク（詩人）1757-1827

朝、目覚める。
すると不思議なことに、
あなたの財布に
まっさらな24時間がぎっしりと詰まっている。
そして、それはすべてあなたのものだ。

――アーノルド・ベネット（作家）1867-1931

生きているだけで
楽しいってことを、
わたしは忘れたことはないわ。

――キャサリン・ヘップバーン（女優）1907-2003

空っぽのポケットほど、
人生を冒険的にするものはない。

――ヴィクトル・ユーゴー（詩人）1802-1885

つまずいたところにこそ、
宝物がある。

――ジョーゼフ・キャンベル（神話学者）1904-1987

希望を持って
旅を続けることは、
目的地に到達すること
よりも楽しい。

――ロバート・ルイス・スティーブンソン（作家）1850-1894

雲の向こうは、いつも青空。

――ルイーザ・メイ・オルコット（作家）1832-1888

あなたの真実が嫌われることは、
あなたの偽りが愛されるよりもいい。

――アンドレ・ジッド（作家）1869-1951

希望のために
扉はいつも開けておきましょう。

——エリザベス・キューブラー・ロス（医師）1926-2004

生きるかぎりは
歌いながら行こうよ。
道は、
それだけ退屈でなくなる。

——ウェルギリウス（詩人）B.C.70-B.C.19

今日は、残りの人生の最初の日。

——チャールズ・ディードリッヒ（財団創設者）1913-1997

HEIDI A GIRL OF THE ALPS

× *Words of wisdom*

第6章

愛する

Love

Elbert Hubbard / Antoine de Saint-Exupery / Thomas Aquinas
Khalil Gibran / Ernest Hemingway / Willa Cather
Jane Austen / Mark Twain / Mother Teresa
Charlotte Bronte / Fyodor Dostoyevsky / Albert Einstein

本当の贅沢
というものは、
たったひとつしかない。
それは
人間関係に
恵まれることだ。

——サン＝テグジュペリ（作家）1900-1944

友人とは、すべてを知りながらも
愛してくれる人間である。

――エルバート・ハバート（作家）1856-1915

心の優しさに匹敵する
魅力なんてない。

―― ジェーン・オースティン（作家）*1775-1817*

だれかを愛することは、
その人に
幸福になってもらいたいと
願うことである。

――トマス・アクィナス（神学者）1225頃-1274

わたしたちは、
この世で大きいことは
できません。
小さなことを
大きな愛をもって
行うだけです。

——マザー・テレサ（修道女）1910-1997

真の友情よりも
尊いものなど、
この地球上には
存在しません。

―――トマス・アクィナス
（神学者）1225頃-1274

相手の本音は
自分に打ち明けたところにではなく、
打ち明けられなかったところにある。
だから、もし相手を理解しようと思うのなら、
相手が言ったことにではなく、
言わなかったことに耳を傾けなさい。

――ハリール・ジブラーン（詩人）1883-1931

だれかを信頼できるかを試すのに
一番いい方法は、
彼らを信頼してみることだ。

――アーネスト・ヘミングウェイ（作家）1899-1961

どうして
自分を責めるんですか？
他人がちゃんと
必要な時に
責めてくれるんだから、
いいじゃないですか。

——アルベルト・アインシュタイン
（物理学者）1879-1955

人の価値とは、
その人が
得たものではなく
その人が与えたもので
測られるのです。

——アルベルト・アインシュタイン
（物理学者）1879-1955

優しさとは、
耳が聞こえない人でも
聞くことができて、
目が見えない人でも
見ることができる言語のこと。

——マーク・トウェイン（作家）1835-1910

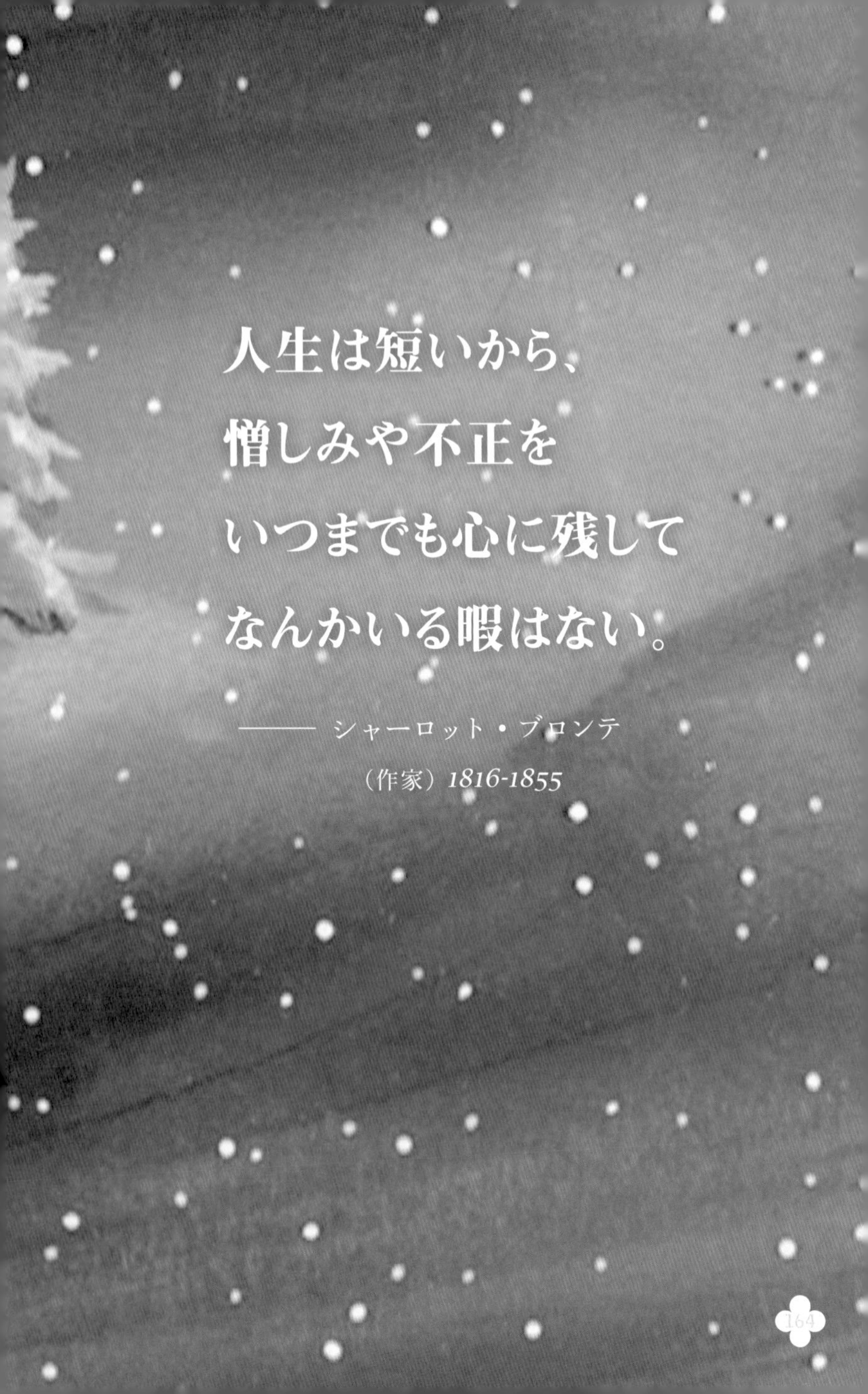

人生は短いから、
憎しみや不正を
いつまでも心に残して
なんかいる暇はない。

―― シャーロット・ブロンテ

（作家）*1816-1855*

他人のために
自分を忘れること。
そうすればその人たちも
あなたを思い出してくれます。

—— フョードル・ドストエフスキー
（作家）1821-1881

すばらしい愛があるところには、
いつも奇跡が起こる。

――ウィラ・キャザー（作家）1873-1947

HEIDI A GIRL OF THE ALPS

× *Words of wisdom*

第7章

幸福

Happiness

Ralph Waldo Emerson / Oscar Wilde / Omar Khayyam
Sylvia Plath / Helen Keller / Charlotte Bronte
Robert Browning / Anne Frank / John Ruskin
Samuel Beckett / James Oppenheim / Nicolas Chamfort
Gilbert Keith Chesterton

冬がなければ、
春を気持ちよく感じない。
わたしたちは、時に逆境を味わわなければ、
幸福をそれほど喜ばなくなる。

——シャーロット・ブロンテ（作家）1816-1855

太陽の光と
雲ひとつない空があって、
それを眺めて
いられるかぎり、
どうして
悲しくなれるというの？

――アンネ・フランク（作家）1929-1945

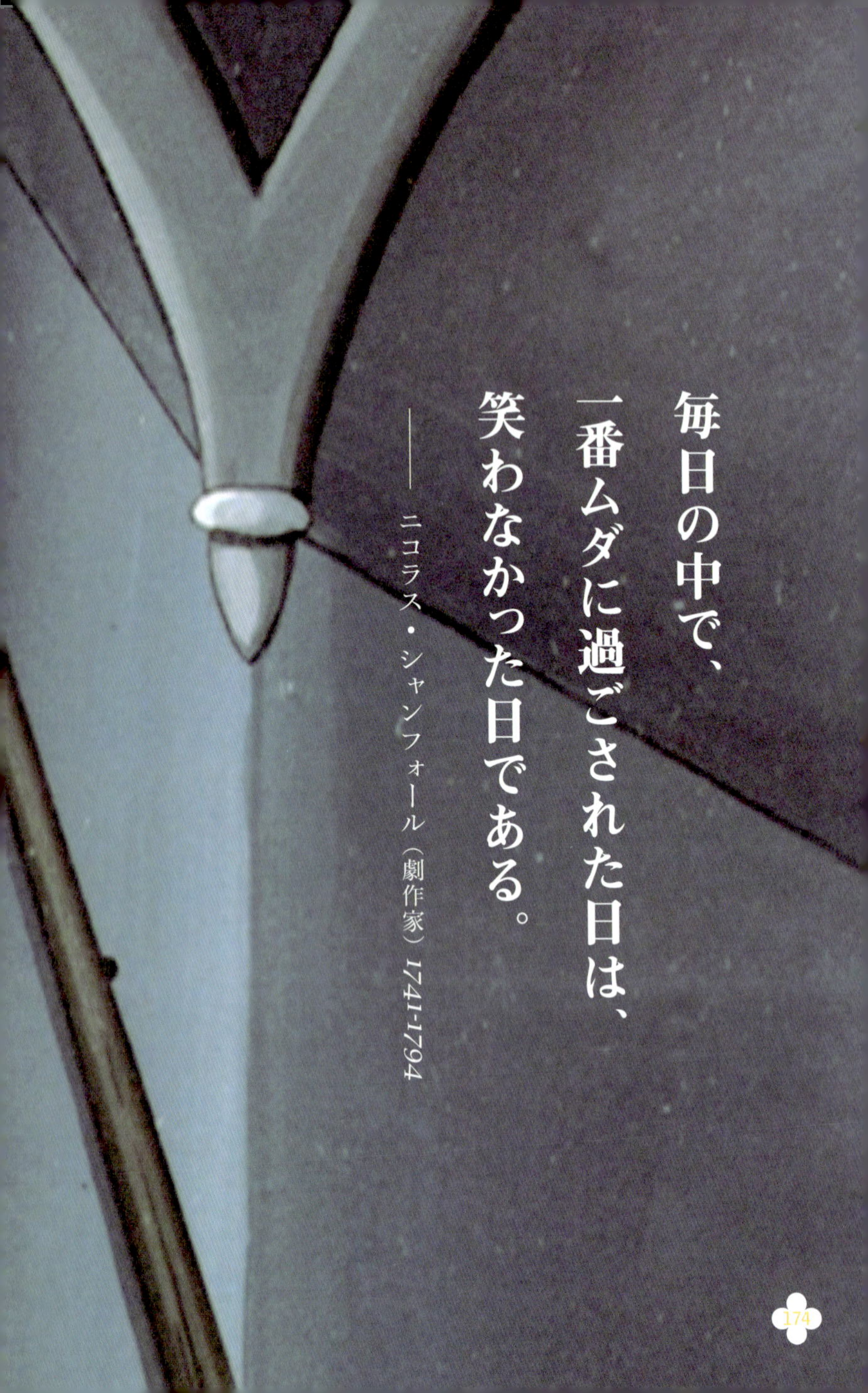

毎日の中で、
一番ムダに過ごされた日は、
笑わなかった日である。

――ニコラス・シャンフォール（劇作家）1741-1794

ひとつの幸せのドアが閉じる時、
もうひとつのドアが開く。
しかし、わたしたちは
閉じたドアばかりに目を奪われ、
開いたドアに気づかない。

―― ヘレン・ケラー（教育者）1880-1968

光の中を1人で歩むよりも、
闇の中を
友と一緒に歩む方がいい。

——ヘレン・ケラー（教育者）1880-1968

人生は複雑じゃない。
わたしたちの方が複雑だ。
人生はシンプルで、
シンプルなことが
正しいことなんだ。

——オスカー・ワイルド（詩人）1854-1900

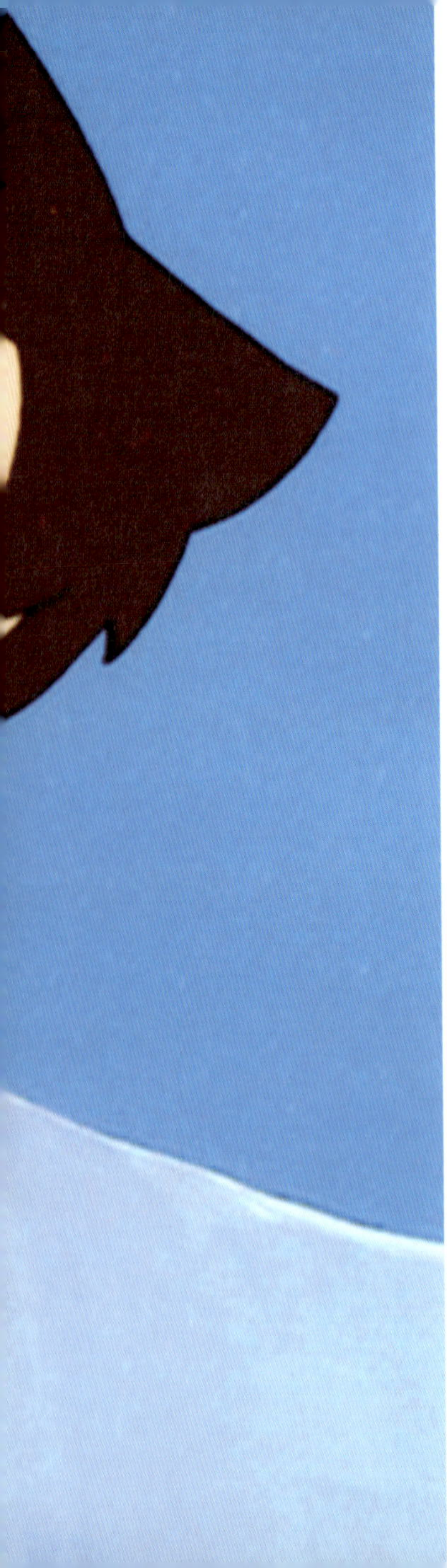

変わらないのは、ときめく気持ち。

——シルヴィア・プラス（詩人）1932-1963

1粒の木の実は、
いくつもの森を生む。

——ラルフ・ワルド・エマーソン
（哲学者）1803-1882

世の中は、
きみの想像する以上の
光に満ちている。

――ギルバート・ケイス・チェスタートン
（作家）1874-1936

この瞬間を
幸せでありなさい。
この瞬間こそ
あなたの人生なのです。

――ウマル・ハイヤーム（詩人）1048-1131

わたしたちの時代を
悪く言うのはやめよう。
これまでの時代に比べて
いっそう悪いということはない。

——サミュエル・ベケット（劇作家）1906-1989

太陽の光は心地よく、
雨はさわやかで、
風は気持ちを引き締め、
雪は気持ちを活気づける。
つまりは本当に悪い天気なんてものはない。
様々な種類のいい天気があるだけなのだ。

——ジョン・ラスキン（評論家）1819-1900

愚か者は
幸福がどこか遠いところに
あると思い込んでいる。
利口な者は
幸福を足元に育てる。

――ジェームズ・オッペンハイム（詩人）1882-1932

人生はやはり良い。
生きている。
もうそれだけで、
すばらしい。

――ロバート・ブラウニング（詩人）1812-1889

アルプスの少女ハイジ
心を照らす100の言葉

2015年12月18日　第1刷発行
2016年 1 月23日　第2刷発行

編　者　いろは出版
制　作　奥村紫芳、大塚啓志郎（いろは出版）
発行者　木村行伸
発行所　いろは出版株式会社
京都市左京区岩倉南平岡町74
TEL　075-712-1680
FAX　075-712-1681
H P　http://hello-iroha.com
MAIL　letters@hello-iroha.com
印刷・製本　株式会社シナノパブリッシングプレス
装　丁　坂田佐武郎

乱丁・落丁本はお取替えします。

「アルプスの少女ハイジ」公式ホームページ
http://www.heidi.ne.jp

ISBN 978-4-86607-000-1